de voyage

Valencia

par

Henry Aubanel

(HENRY DU CAIRE)

Rédacteur à la « Vigie Algérienne »

...e en vers de Pierre Batail

Alger

Imprimerie Typo-Litho Torrent & Miaux

PALAIS CONSULAIRE

1893

Simples notes de voyage

Valencia

par

Henry Aubanel

(HENRY DU CAIRE)

Rédacteur à la « Vigie Algérienne »

Préface en vers de Pierre Batail

Alger

Imprimerie Typo-Litho Torrent & Miaux

PALAIS CONSULAIRE

1893

A Henry AUBANEL.

Tu reviens du pays charmant
Où chaque femme à son amant
    Dit : Ah ! pougnette ;
Où les hommes, au bout des doigts,
Font chanter en gestes adroits
    La castagnette ;

Où les señoras aux cils longs
Ont constamment sur leurs talons
    — Triste compagne —
Une duègne aux cheveux luisants,
Ceux-ci n'étant, malgré les ans,
    Pas blancs — d'Espagne.

Voyageur naïf, étonné,
Le soir venu, t'a-t-on donné
    La sérénade,
Et la guitare en son ennui
Ne t'a-t-elle pas, vers minuit,
    Rendu malade ?

N'as-tu pas eu très mal au cœur
Lorsque le picador *vainqueur*
    Sort de son antre
Et livre aux cornes des taureaux
Les malheureux petits chevaux
    Que l'on éventre ?

Ce pays rempli d'imprévu,
Avec plaisir, je l'aurais vu
    Comme toi-même.
Mais retenu par notre Alger,
Je n'ai pu, mon cher, y songer.
    Pourtant, je l'aime.

Dans tous mes rêves d'avenir,
J'avais pensé d'y devenir
    Duc, Excellence.
Ami, la chose m'aurait plu.
Mais je peux mourir — t'ayant lu
    Sans voir Valence.

Pierre BATAIL.

VALENCIA

SIMPLES NOTES DE VOYAGE

Samedi, 22 juillet 1893.

Dans du bleu, nous filons... dans un bleu infiniment doux sur nos têtes, froissé et jouant la moire autour de notre bateau. A bord, les bruyantes rumeurs du départ se sont tues. Fini, le va et vient des voyageurs prenant leurs places, des amis les accompagnant, des yaouleds chargés de bagages ; invisibles, les mouchoirs agités des « au revoir » ; disparues, les blancheurs lumineuses d'Alger et les collines tachées de soleil... Du bleu, plus que du bleu. De toutes parts, il nous étreint, comme en une sphère géante où se perd notre navire tout noir...

Devant cette immensité, chacun se

recueille. De temps en temps, un soprano de femme tranche, un peu aigu, sur le diapason vague des causeries. On ne chante pas encore. La machine seule, sourdement, continue le trémolo de son infatigable mélopée. Et sa monotonie, qu'accentue le rhytme du flot berceur, fait les passagers somnolents.

C'est, d'ailleurs, l'heure lourde de la sieste : un Algérien ne saurait l'oublier. D'autant que le *Sitgès-Hermanos* s'y prête merveilleusement. Tout frais sorti du radoub, il va gaillardement, tout droit, se moquant des petites lames qui le lèchent mollement sans l'incliner. Le pont est vaste et pratique ; les cabines confortables, luxueuses même. Nous sommes presque quatre cents et chacun se sent à l'aise et personne ne souffre du mal angoissant.

Aussi, le soir, fait-on honneur à la cuisine. Elle est nouvelle pour nous, car le chef qui est Espagnol l'a suffisamment safranée ; mais cette première connaissance avec le pays où nous voguons est tôt faite et de très heureux augure. Le vin épais et foncé de la Péninsule fait plaisir. Quelques privilégiés qui ont des aboutissants parmi les « troisième classe » en

rapportent des œufs de poisson qu'on
arrose d'*aguardiente*. D'un bout à l'autre
du steamer tout le monde mange et boit,
sans s'inquiéter de la traversée.

Or pour l'appétit comme pour le bâti-
ment, quand il va, tout va... la gaîté y
compris. Au dessert, les conversations se
sont animées et haussées de ton. De l'a-
vant lointain, le vent apporte un refrain
voilé, d'une douceur flottante de rêve.
Il a vite éveillé l'idée d'un concert qui
s'improvise sans plus tarder. Et ce ne sont
bientôt plus que chansons folles ou senti-
mentales, calembredaines de concert,
pleureuses romances d'atelier, drôleries
en *sabir* qui, là haut, font sourire la lune
— une lune toute blanche, dont les cheveux trainent jusqu'à l'eau.

Quand chacun a « dit la sienne », on
songe à se retirer. Il est minuit passé.
Mais l'on ne dort pas longtemps : à quatre
heures, dans un démi jour commençant,
la terre est signalée. Qui ne se lèverait
pour la voir ?... Elle est encore informe
— filet grisâtre bordant l'horizon où brille
le feu rouge d'un phare. Elle grandit
pourtant peu à peu et se précise, avec la
lumière. Quand le soleil apparait tout
rond dans des déchirures de brumes, la

côte est visible à notre gauche. Nous la
longeons parallèlement. Elle se déroule
interminable et très droite : puis, loin,
loin, se replie en baie, comme pour abri-
ter Valence posée au fond.

Il est huit heures, quand s'aperçoivent
les maisons multicolores où s'emmêlent
des verdures vivaces. En quelques minutes, le *Sitgès-Hermanos* s'engage à
travers les jetées d'avant-port. Elles sont
en pierre rougeâtre et abritent deux gros
paquebots en quarantaine...

Une seconde passe est ensuite franchie.
Nous voilà amarrés à quai, mais point
débarqués encore. Les Espagnols ont été
trop éprouvés par les épidémies pour ne
se point précautionner. Un médecin ga-
lonné a accosté notre navire. Suivi de
carabinieros qu'il poste au haut de l'é-
chelle, il vient se rendre compte de la
santé du bord et nous infliger une *obser-
vation sanitaria.*

— Jusqu'à demain, dit-il d'abord.

Mais le capitaine du *Sitgès-Hermanos,*
el senor Salinas, est un de ses vieux amis.
Pour lui être agréable, l'Esculape mange
un brin la consigne. Il nous autorise à
débarquer à 6 heures, — ce qui doit être

encore bien long, car les dames deviennent nerveuses.

Heureusement, une idée traverse le cerveau de Sitgès — de Jacques, comme nous l'appelons familièrement. Parmi les voyageuses, sont deux jeunes filles d'une prestance superbe, comme l'Algérie sait en faire éclore :

— Voyez, dit-il au docteur en les lui présentant. Des visages d'une fraicheur pareille peuvent-ils vous apporter le microbe homicide ?...

Et le praticien sourit et sa rigidité fléchit. De six heures, il condescend à cinq, puis à quatre, enfin à trois... Ce n'est donc plus qu'une demi-journée d'attente qui, du reste, est tôt écoulée. On cause, on déjeune, on sieste, on se distrait à regarder les marchands de melons, pèches et pastèques qui, de leurs barques, hissent leurs fruits appétissants et colorés. Si bien que lorsque l'horloge de la douane fait entendre les trois heurts de son bronze enrhumé je me surprends à penser : Déjà ?...

Un employé costumé et chamarré remet alors à chacun une *patente de sanitad* et voilà le débarquement qui commence. On se bouscule, on crie ; l'un-

cherche sa malle, l'autre sa valise. Tout
le monde est pressé de descendre. Des
bateliers espagnols se mêlent aux voyageurs ; on parle français, maltais, mahon-
nais, castillan. Sur le quai, une *chiqueta*,
qui joue de la mandoline, nous sert une
Marseillaise qu'un petit gamin accom-
pagne sur la guitare. Le tableau est piquant, avec tout ce brouhaha et ce mouvement... Si piquant que je reste là, trois
bonnes demi-heures, sans chercher à
partir, amusé par ce bruyant va et vient.

Le soleil commence à décliner quand
je mets pied à terre. Il est un peu frère du
nôtre. Comme à Alger, il agonise dans un
lit d'ambre et de lilas, tandis qu'en face,
au levant, le large ciel s'emplit d'une buée
d'azur allangui. Dès le quai je fais connaissance avec le pays, en grimpant
dans une tartane, — sorte d'omnibus
à six places, très haut sur ses deux
roues, dont la section affecte un peu les
formes d'un fer à cheval, et où l'on est
assurément plus secoué que sur la pire
balancelle. Elle est tirée par une bête
solide, croisée du cheval arabe et espagnol, que conduit un *tartanero*, installé
en une sorte de siège très primitif posé
sur le brancard de droite...

Supérieurement ballotté, je parcours ainsi le *Grao*, vaste banlieue qui en quelques kilomètres, relie le port à Valence. La route est large. Complantée de platanes très verts et très hauts, elle me rappelle le Prado marseillais. Des tramways à vapeur et à chevaux la sillonnent et comme la chaussée est d'un entretien inférieur, des plaques de fonte, placées parallèlement, comme de larges rails plats, permettent aux véhicules ordinaires d'éviter les ornières.

Au bout du *Grao*, un pont de pierre. Il traverse la large rivière, souvent à sec, la *Turia*, au bord de laquelle s'étend la plate Valence. Deux saints en pierre servent de bornes-frontières, quelques mètres avant l'octroi où des employés bons enfants arrêtent ma tartane une minute...

Enfin, voici la ville... Le crépuscule est venu, filtrant sur toutes choses une lumière faible et maladive. Dans ce clair-obscur, que piquent les premiers becs de gaz allumés, je traverse un vrai labyrinthe de rues s'enjambant l'une l'autre, au hasard d'architectes que ne retint aucun précepte d'alignement. Des places et des jardins se taillent, de ci de là, dans ce fouillis. Des clochers d'églises brunes émer-

gent des maisons vieillottes garnies de
balcons minces où pendent des stores
bariolés. Les magasins, très luxueux,
s'ouvrent sur la chaussée, car les trottoirs
sont rares et dans le tumulte des passants
nombreux et la bizarrerie des ruelles en
méandre je me demande où je vais, où je
suis, si je serai jamais capable de me conduire sans le fil d'Ariane d'un *cicerone*
expert.

Dans une voie un peu plus large et
très peuplée, mon *tartanero* s'arrête pourtant. Il m'a conduit à la *Fonda d'España*,
un hôtel immense et confortable, où l'on
parle et mange en français.

J'y lis le *Figaro*, le *Temps*, l'*Illustration*. Cela me fait gaillard de voir que
nos journaux arrivent partout et, après un
dîner reconstituant, toute fatigue oubliée,
un désir me prend de sortir, de voir du
nouveau. On m'indique la *feria*. J'y
cours. C'est une vaste foire installée sur
l'*Alameda*, promenade de 1,5oo mètres
de long. Les illuminations sont superbes.
Partout, dans les arbres, se balancent des
lanternes en étoffe aux couleurs espagnoles si riches et si décoratives. Ce sont
d'abord de magnifiques pavillons, semblables à ceux des expositions, installés par

la Chambre de commerce, la Municipa-
lité, le Cercle de Valence. Ils sont tous
somptueux de décoration. Des orchestres
s'y font entendre et l'on y danse sous les
mille lumières de girandoles au gaz cou-
rant partout en dessins très artistes. Puis,
soudain, à l'extrémité, tout change brus-
quement. Les châlets disparaissent et
font place aux baraques ordinaires où
tournent les chevaux de bois et s'exhibent
les charmeuses de serpents ou les femmes
torpilles... Un Neuilly de contrefaçon,
noyé dans le bruit incohérent des foules,
des pistons, des trombones, des orgues
de Barbarie, des marchands, des limona-
diers.

J'ai fait tout le tour de la fête. Mais ces
mille rumeurs m'ont assourdi. Mes habitudes d'Algérien très peu noctambule
réclament leurs droits. Je sens le sommeil proche et, cahoté par une tartane,
je reprends le chemin si compliqué de la
fonda, tandis que, là haut, s'épanouit une
lune grasse et rigoleuse qui noie les petites étoiles modestes et semble se moquer
de mon air affalé...

L fait un matin tiède. Des brumes moites badigeonnent le ciel d'un beau gris perle. La journée sera chaude. Je songe que, dans la lente torpeur du demi-sommeil, il ferait bon s'oublier tard au lit. Mais entre gens qui n'ont point de temps à perdre, la diane est matinale. La consigne est, d'ailleurs, arrêtée. Nous sommes une poignée qui avons promis de ne point nous séparer. Le premier éveillé carillonne à tour de bras sur la porte du voisin. Nous voilà tous debout...

La première visite est pour le *Café d'Espagne*, où l'on me sert un chocolat très sucré et fortement parfumé de cannelle, suivant la mode espagnole. Cet établissement — le premier de Valence — est installé au rez-de-chaussée de notre *fonda*. Il est très vaste, presque monumental, composé de deux immenses salles en parallélogramme : l'une de style maure, avec murs dentelés de fines arabesques et lustres de cuivre mince élégamment ajouré ; l'autre moyennageuse, avec plafonds en caissons et panneaux, où, dessinés à simples traits noirs, se campent des chevaliers bardés de fer.

Je note un détail très curieux et nouveau pour nous : aucune table n'est disponible, mais des consommateurs de toutes classes s'y coudoient. En France, chaque café possède sa clientèle. Le gentleman ne se commettrait pas à humer son *sherry* près de blouses grises s'absinthant. Là, au contraire, tout le monde s'attable côte à côte ; le *cercleux* irréprochable, le petit employé, l'ouvrier, voire le paysan pittoresque dans sa tenue : culotte courte serrée, bas blancs où s'enroulent les rubans des espadrilles, chemise à col bas, veste sous le bras, gros gourdin à la main, large *sombrero* sur le foulard serrant la tête...

Autre remarque topique : tout ce monde boit et cause exagérément. Mais absinthe, vermouth, cognac, toutes boissons fortes sont très peu demandées. On dirait que, sous leur soleil torride, les Valenciens ont peur de faire joujou avec le dangereux alcool. C'est la limonade, glacée ou non, qui a leurs faveurs, et aussi le café froid, le chocolat, les sirops, les sor—

bets, dont ils font, d'ailleurs, une con-
sommation énorme... Il fait si chaud !...
Si chaud que nous quittons le café,
comptant sur la fraîcheur du plein air.
Mais la rue est étouffante aussi. Les
passants n'ont pourtant point l'air de s'en
apercevoir. Ils vont nombreux, flânant
devant les vitrines qui sont fort belles et
causant haut dans leur idiome vibrant.
Si nombreux qu'il leur faut se tasser et se
bousculer pour éviter les tramways jaunes
que traîne un seul cheval robuste.

Il est, du reste, tout naturel que les Valenciens aiment la rue. Elle est chez eux
si intéressante ! Totalement négligée sous
le rapport de la voirie, elle charme au
point de vue esthétique, par sa couleur et
son imprévu...

Sans guide, ce matin, nous allons de
l'avant. au hasard de nos semelles, amu-
sés par les femmes et fillettes coiffées
d'une mantille transparente. Plusieurs
portent un tabouret-pliant, joliment bro-
dé. D'abord, ce bagage nous intrigue. Mais
le missel, qu'elles tiennent avec, nous
fixe bientôt, ainsi que le bourdon son-
nant à franches volées, là haut, en un clocher voisin. C'est le meuble qui leur permet de ne point entendre debout la messe.

dominicale. Et c'est aujourd'hui dimanche.

Derrière deux jolies filles à bouche
rieuse, j'entre à l'église. Celle-là est consa-
crée à saint Martin. Un haut relief coif-
fant la porte représente le généreux ca-
nonnisé partageant son manteau pour
couvrir un miséreux qui grelotte. L'édifice
est dans le style Renaissance très chargé et
très doré dont abusèrent l'Espagne et l'Ita-
lie. L'autel est d'une richesse criarde,
comme toute la décoration. Quand je sou-
lève le rideau tendu devant le tambour,
les orgues mugissent, triomphales, en un
glorieux hosanna. On dit la grand'messe. Mais de rares dévots la suivent. Au
contraire, dans une chapelle latérale, un
prêtre rouge bâcle une autre messe —
basse celle-là — et derrière lui nombre de
fidèles sont agenouillés. Ils semblent pré-
férer cet office, qui dure moins... Décidé-
ment la foi s'en va, même de la fanati-
que Péninsule !...

Je fais la même remarque à Ste-Cathe-
rine Majeure où me conduit ensuite un
brusque tournant de rue. Car Valence est
peuplée de temples. Celui-là date de
1785. Il est dans la même note que le
précédent, mais le maître-autel est beau-

coup plus beau et l'entrée tapissée de petites faïences fleuries qui me rappellent les murs de nos maisons arabes.

A Saint-Jean, la peinture prédomine. Les petites nefs sont couvertes de vieilles toiles où moines et ascètes évoquent les Fra Angelico. La coupole est un éblouissement de couleurs. Les douze apôtres s'y alignent pêle mèle avec des Père Eternel, des Vierge et... des femmes couronnées, en costumes tels qu'on les prendrait pour des divinités antiques — étrange et naïf amalgame de paganisme décoratif et de respectueux catholicisme...

Ce même phénomène se perçoit dans le portique sculpté de pur onyx qui donne accès au chapitre de la cathédrale. Des serpents et des poissons d'Apocalypse s'y tordent à des arbres bizarres, poussés à la diable sur des remparts crênelés, pas plus haut que les guerriers qui les mettent à sac. Le monument, d'ailleurs, est curieux. Un lambeau est d'un beau gothique ; la tour a ses arêtes nettes et ses gargouilles intactes. Mais des ouvriers sacrilèges ont posé, dessus, un clocher banal, — la *Miguelette* — qui la défigure. De même, pour la commodité de l'archevè-

que dont le palais est proche, on a relié
les deux édifices par une construction
bourgeoisement prétentieuse, tandis que,
sur une face de la basilique, ont été pla-
quées des dépendances agencées sans art
et dans un style différent.

Mais les encensoirs se meurent. Leurs
dernières bouffées montent haletantes
vers la voûte, comme de petites âmes lassés
quoique pressées de s'envoler. Les orgues
se sont tues. Avec sa figure de vieille. rasée
et ridée, sa blanche perruque à marteaux,
sa robe violette plissée, sa démarche de
femme cassée. le *bedeau* ferme les portes.
Il faut sortir. Au caprice de ma flânerie.
je rencontre le marché aux volailles. Il a
quelque caractère : en forme de cirque,
dont les maisons garnies de balcons se
continuant sans fin représenteraient les
rondes galeries. Il n'est guère fréquenté
que par les femmes qui jacassent bruyam-
ment en saignant poules. dindes et ca-
nards... Plus loin, sur une placette par-
quée d'habitations sans symétrie, des
marchands en plein air vendent de la
porcelaine — casseroles, assiettes, *lacry-
matoires* avec œil au fond, comme les
baptisait l'archéologue de Labiche. Tous
ces coins sont populeux et mouvementés.

Avec la méridionale exubérance, chacun
y crie, s'agite, s'entasse sous le soleil de
midi qui, une fois de plus, a escaladé le
zénith... Il est temps de regagner la
fonda...

Quand je ressors, c'est pour gagner la
Plaza. Il est énorme, ce monstre ventru
qui baille impassible sous l'incendie du
ciel — Babel inachevée dont les arceaux
de briques semblent des hommes soudain
pétrifiés, un jour qu'ils se donnaient la
main pour un rondeau géant... Dans
cette vastitude où se peuvent étager vingt
mille spectateurs, pas un gradin libre ne
demeure. Partout des têtes en chapelet.
Toutes pareilles dans l'éloignement, elles
se confondent en une masse grouillante
et bigarrée où la lumière violente sculpte
de capricieux reliefs. Le coup d'œil est
imposant. Je ferme les yeux et tandis
qu'éclate la fanfare des trompettes don-
nant le signal des courses, je rêve d'un
César les dirigeant, entouré de flamines
blancs, de centurions armés et d'un peuple de mâles. Je crois entendre l' « *Ave !*
morituri te salutant. » Et j'enrage de
revoir mon veston moderne, le *canotier*
du voisin, le corsage pincé de la dame d'à
côté...

Comparé au cadre, le spectacle lui-
même manque de grandiose. La mise en
scène de l'entrée des cuadrillas, mules
et palefreniers n'a pas le prestige que
lui prête la légende. Sur les costumes, or
et argent clignotent ; les *toreros* sont de
beaux gars solidement musclés : mais
combien perdus dans cette arêne ! Et puis
comme elle répugne à notre tempérament
français, cette première tuerie d'haridelles
d'équarrissage, que l'éperon pousse, l'œil
droit bandé, au taureau qui les doit éven-
trer ! Comme elles sont grotesques, ces
chutes continuelles des *picadores* engon-
cés dans leur jambières de plomb !...

Heureusement, la bête s'agace vite à ce
premier jeu qui, ainsi, peut être plus tôt
interrompu. La pose des banderilles est
au moins propre, et la vue gracieuse de
ces *banderilleros* ingambes qui, les mains
au ciel, semblent appeler le taureau pour
larder son échine de piquants aigus. Mais
nos *Landais* en font autant, sinon davan-
tage.

La grande scène de ce drame, c'est le
dénoûment. *A muerte* ! hurle la foule et,
obéissantes, les trompettes sonnent maca-
bres comme un glas. Le *prima spada* s'a-
vance. De sa rouge *muleta*, il amuse,

éblouit, hypnotise le taureau qu'à sa guise il fait virer, s'élancer, s'arrêter. Une minute vient pourtant où la bête énervée se rebiffe. Ramassée sur elle-même, les cornes basses, elle va fondre. Alors, avec une rapidité d'éclair, l'homme qui joue sa vie dresse la lame blanche, vise, l'enfonce entière dans le garrot. Un jet de sang noir gicle des naseaux. Le taureau tourne sur lui-même, comme s'il cherchait la place où tomber. Ses pattes d'avant fléchissent. Avec un bruit mat, sa lourde masse s'abat. Il est vaincu. Et vingt mille *aficionados* crient, sifflent, applaudissent, lancent cigares et *sombreros* à Mazzantini, à Fabrilo, à Guerra, à Guerrita, aux virtuoses qui viennent de faire ce cadavre.

Et la boucherie s'arrête au sixième taureau, parfois — aux grands jours — au neuvième...

C'est là le féroce amusement d'Espagne. J'y assistai, l'an dernier, à Barcelone. Je l'ai revu aujourd'hui. Cet étal de chevaux morts m'écœure et néanmoins, je jurerais qu'à l'occasion j'y courrais de nouveau. Malgré moi, il m'empoigne...

Pas autant, toutefois, que les *bailes populares*...

La nuit est venue très claire, mais
mouillée d'humidité. La magnifique *Alameda* s'est parée de ses rubans de feu. Dans
un coin plus calme et de demi-lumière,
une estrade se dresse, — scène en plein
air, encadrée d'une rampe au gaz. Frises
et coulisses ont été oubliées ; mais au dernier plan, se campent deux maisonnettes
paysannes en pisé lavé au lait de chaux
et terminées par une toiture de chaume,
très haute, d'un angle très aigu, ornée
d'une croix de fer. On dirait d'un *gourbi*
qui se serait civilisé. Devant, grimpe une
treille lourde et verte où pendent des lanternes et sur des bancs une musique cam-
pagnarde prélude. Il y a là des guitares,
des mandolines, et avec, une sorte de pis-
ton au timbre voilé.

Tandis que cet orchestre attaque un
motif nerveux et cadencé, huit couples
envahissent la scène : les femmes en
manolas, mantilles échafaudées sur leurs
cheveux noirs, corsage de dentelle sur
jupe aux teintes vives ; les hommes en
toréadors, très chamarrés. Tous ont aux
mains des castagnettes qu'ils agitent en
mesure. Ils se balancent en une danse
lascive et quelque peu théâtrale qu'on
appelle la *Perla Gaditana*, — la perle de

Cadix. Elle comprend plusieurs figures et deux premiers sujets qui, en entrechats, coquettent, se provoquent, se content fleurette, minaudent et, après avoir bien tournoyé, tombent dans les bras l'un de l'autre. Ce ballet andalou est intéressant, mais trop pompeux. Il me rappelle les pointes et jetés-battus des ballerines de partout.

La *Valenciana* a plus de caractère. Les femmes qui esquissent ce pas ont le costume local : leurs cheveux fournis se tordent en chignons plaqués sur les tempes avec des épingles à grosse tête et derrière un large peigne doré les relie. Les boucles d'oreille d'or sont longues. Les épaules sont couvertes d'un fichu à la Mireille drapé sur un corsage à fleurs, imitation Pompadour. Et sur le jupon court s'éploie un tablier de dentelle pailletée. Les hommes, eux, ont une culotte blanche lâche rappelant le pantalon arabe, retenu par une ceinture de couleur. La veste courte contrefait le boléro et la tête est serrée dans un foulard dont un pan retombe en longue pointe, comme le cascamèche de nos vieux paysans. Tandis qu'ils se balancent avec une grâce lente, à l'orchestre une naïve mélodie se déroule en sourdine. Jusqu'au refrain, où les danseurs s'animent, avec la musique qu'ils scandent de leurs castagnettes.

Pour mon ignorance des choses espagnoles, ce tableau est charmant et je m'oublie à le contempler. D'autres danseurs viennent ensuite avec le *pandero*, puis des musiciens d'antan qui en une variété de biniou soufflent une interminable série d'arpèges. Et je reste à les écouter jusqu'à minuit — l'heure où agonisent les lampions, l'heure où les tartanes regagnent les *fondas*.

Lundi, 24 juillet.

E temps est toujours très clair. Il y a de soleil plein le ciel. Mais l'atmosphère reste embrasée. Je vais chercher de l'air à la campagne que l'on dit superbe.

Après les habituels détours dans de tortueuses ruelles, l'horizon s'élargit tout à coup. A la sortie d'une porte élevée et pesante comme un fragment de forteresse, la Turia m'apparait avec son lit aussi sec que les *oueds* d'Algérie. Moyennant une *aguelele* — un sou — je passe un pont de bois qui me conduit à une gare lilliputienne. Au fronton de cet édifice pygmée, se lit l'inscription : « *Carovias économicas* ». C'est la tête de ligne d'un chemin de fer à voie étroite — *via streta* — qui roule sur les deux tiers de la périphérie valencienne. Contre un *réal* — 25 centimes — on me délivre un ticket jaune qui m'introduit dans une salle d'attente toute nue, sans la vêture traditionnelle des affiches et itinéraires. Je l'arpente cinq minutes... Une locomotive siffle. Les

— 25 —

portes s'ouvrent sur une chaussée pro-
prette. Me voilà installé dans un wagon
menu qui m'emporte à bonne allure...

Les espaces dévorés valent la ballade.
Dans un rayon immense, se développe
une plaine riante que borde au très loin
le cordon bleuâtre des collines chauves,
barbouillées de vapeurs. Près du train ver-
doient, en carrés, des cultures maraîchè-
res. N'étaient quelques chaumines blanches semblables à celles juchées hier sur
l'estrade des *bailes populares*, je me croi-
rais sur la route d'Hussein-Dey. Ces terres s'étalent pourtant plus avant et, vers
l'horizon, des arbres lèvent la tête au-
dessus de cette végétation plate. Ce sont
des pommiers, des grenadiers, des pê-
chers, surtout des orangers, des eucalyp-
tus, des palmiers qui me donnent l'illusion de la luxuriante Mitidja.

Mon chemin de fer me fournit ainsi
une bonne demi-heure de verdure. Le
voilà maintenant qui coude court et mar-
che parallèlement à la plage soudain dé-
couverte. Sans savoir comment, je suis
en plein *Grao*, à vingt mètres de la grève
où s'égrènent les *baños*. La mer a l'air
placide. Un soleil d'enfer grille sur ma
tête. Si je me baignais?... Je pénètre dans

une grande boutique peinte en gros vert
et décoré du titre de *Madrilena*. Le
propriétaire obséquieux m'ouvre une ca-
bine spacieuse. Un instant après, je suis
à l'eau. Mais elle est jaunâtre, comme si
du soufre y était épandu et les lames
courtes et précipitées fatiguent vite le na-
geur. Je ne m'attarde donc pas. Je me
fais doucher à l'arrosoir — seul appareil
dont dispose l'établissement — et quand
je veux payer mon bonhomme, il m'ap-
prend, à mon étonnement grand, qu'il n'a
point de prix fixe, que le client solde à sa
fantaisie. On n'est pas plus aimable !...

Du *Grao* où je me trouve, cinq kilomètres me séparent de Valence. Pour les
franchir, j'ai recours à *Ravachol*. On appelle ainsi le tramway à vapeur. Comme,
dans le début, ses locomotives firent ex-
plosion et supprimèrent quelques voyageurs, les habitants lui donnèrent pour
parrain feu le compagnon décapité...
Comme quoi la parisine n'éclot pas seu-
lement entre les pavés du boulevard !...

De par Sitgès, l'après-midi est consa-
crée à la visite d'édifices publics. Nous
sommes une douzaine à suivre notre complaisant ami et j'imagine que l'on nous
doit prendre pour une caravane Cooks.

La tournée débute par la *Lonja*. C'est
un beau monument gothique, intelligem-
ment restauré, où d'ordinaire se tient la
Bourse. Pour la durée des fêtes, quelques
artistes y ont accroché des cadres. Il y a
des plans, des lavis, de l'aquarelle, des
toiles à l'huile, quelques sculptures et des
broderies. Ces dernières sont d'un fini
remarquable. Quant aux tableaux, ils
valent à peine les cinq sous du prix
d'entrée. J'ai grandement admiré une
miniature sur marbre très sincère et
d'une jolie délicatesse, ainsi que quelques panneaux décoratifs. Mais la do-
minante de cette exposition est la pro-
fusion incohérente de coloris heurtés et
trop crus...

Nos yeux se reposent un peu au Palais
de justice où le concierge nous montre
deux plafonds merveilleux. L'un et l'autre
sont à caissons. Mais tandis que celui de
la chambre des avocats a été couvert de
dorures, celui de la salle d'audience demeure inviolé. Il est en chêne et le
ciseau l'a déchiqueté en dessins d'une
achevée finesse. Ce qui n'empêche qu'il
conserve toute sa sévérité, cadrant har-
monieusement avec les peintures des mu-
railles, où se groupent, dans la robe ou le

pourpoint d'autrefois, les magistrats civils, militaires et religieux...

A l'hôpital, de nombreuses surprises nous attendent. Je n'ai jamais vu pour un établissement similaire une telle installation. Les lits tendus de rideaux coquets, sont abrités derrière de lourdes colonnes grecques à chapiteau doré. Les salles sont en croix, comme les nefs d'une basilique byzantine, au centre de laquelle s'ouvre une coupole. De toutes parts, air et lumière circulent à larges ondes. D'interminables galeries servent de promenoirs. Un ascenseur hisse les impotents aux étages supérieurs. Les parquets sont d'un marbre immaculé. Dans le jardin vaste est tout un attirail de gymnastique médicale. Les cuisines sont d'une irréprochable propreté et les fumets qui s'en échappent me mettent presque en appétit. Quant aux bains, il sont d'un rare confort et c'est plaisir de circuler dans les corridors égayés de tableaux et de plantes exotiques.

Le coin le plus intéressant est affecté aux enfants trouvés. Rien de touchant comme le spectacle des berceaux roses où les pauvres anges dorment, leurs poings grassouillets fermés, la frimousse enjolivée de fossettes. Toutes les trois heures, des nourrices viennent donner le sein aux tout petits, tandis que pour les autres s'ouvrent de mignons réfectoires à tables de marbre. Il y a presque du luxe partout et je me l'explique facilement quand Sitgès m'annonce que ce sont les recettes du théâtre et de la *Plaza* qui assurent les frais.

Nous avons passé plus d'une heure à parcourir cet asile où s'abritent tant d'humaines souffrances. Il nous tarde de sortir de cette atmosphère phéniquée, de secouer les idées grises qui nous assiègent. Nous voici sur un boulevard moderne. En passant, nous frôlons la *Puerta del Cuarte*, ancienne porte que nos généraux de l'Empire ne purent forcer et qui demeure, lamentable blessée, montrant les plaies encore béantes dont la meurtrirent nos boulets...

De tramway en tramway, nous parvenons enfin au *Jai-Alai*. Imaginez un parallélogramme dont deux côtés seraient occupés par des gradins et les deux autres par un mur de quinze à vingt mètres. En bas, le parterre est asphalté et libre. C'est là que se livrent les pacifiques combats du jeu de la *pelota*, renouvelé du jeu de paume français.

Les lutteurs sont divisés en deux camps.
La nuance de leur chemise bleue ou blanche — les *azules* ou les *blancos* — les dis-
tingue. Ils ont la main droite perdue
dans un long gant d'escrime en osier
— la *cesta* — dont ils se servent pour
renvoyer au mur une balle de plomb ha-
billée de cuir. Il s'agit pour eux de ne
point laisser mourir cette balle, sans toutefois la diriger en dehors de certaines li-
gnes déterminées. Chaque faute est re-
présentée par la perte d'un point et à
cinquante s'achève la partie.

C'est là une distraction très suivie et,
d'ailleurs, captivante, en raison de
l'adresse et de la force musculaire
dépensées par les joueurs. Les Espagnols l'ont corsée encore en y trou-
vant l'occasion de paris généralement
élevés. N'ayant pas de louis à risquer, je
me contente de regarder les naïfs qui en-
gagent les leurs. Le spectacle fait mieux
l'affaire de mon prudent scepticisme.

Ollé ! Ollé ! fuegos artificiales !...

Il est minuit. Dans le ciel d'un velours
ardoise, il pleut de l'or et de la pourpre.
Ce sont les fusées qui préludent au feu
d'artifice. Il est superbe. Les gerbes d'é-

tincelles prennent mille formes ravissan-
tes. La foule bat des mains et pousse de
longs cris d'enthousiasme. Mais ma pa-
resse trouve qu'il faut lever bien haut ma
pauvre tête surmenée et c'est avec bon-
heur, qu'après le bouquet final, j'arrête l'é-
ternelle tartane du retour. Que mon lit va
être bon !...

JE m'étais promis pour ce matin une courte fugue à Sagunto — vous vous souvenez... Sagonte, la petite ville alliée des Romains qu'en pleine paix assiégea Annibal et que les habitants patriotes préférèrent incendier plutôt que de capituler. J'aurais eu plaisir à fouler ces ruines historiques, le cirque silencieux que les petites herbes folles envahissent aujourd'hui, les pierres effondrées où ne logent plus que quelques oiseaux et de paresseux lézards. J'aurais voulu aussi, dans ces poussières mortes, retrouver l'empreinte de nos glorieux soldats de 1811. Mais... le train qui m'y pouvait conduire est parti à cinq heures — trop tôt pour mes paupières alourdies qu'un sommeil de plomb a tenu longtemps closes.

C'est donc pour moi une journée sans programme. Je ne m'en plains pas. Dans ces courtes excursions, souvent fatigantes, quelques haltes sont bienvenues. Elles délassent. J'en profite pour flâner au gré

des rues toujours d'un désordre spécial.
Justement. le calendrier ramène aujour-
d'hui la Saint-Jacques. En souvenir du
vaillant *Conquistador*, Valence célèbre sa
fête. Les balcons sont pavoisés aux couleurs rouge et jaune. Le moment est pro-
pice pour étudier un tantinet cette bruyante
population...

Bruyante, oui... Ce peuple respire une
chaude atmosphère de soleil. Plus que
dans notre Midi français, autant qu'en
Algérie, son ciel est d'un bleu profond. ses
horizons pleins d'intense lumière. Sa lan-
gue aussi est faite de rayons vibrants. Ses
imaginations sont ambitieuses. Il a le
verbe haut. Aussi la rue est-elle vivante,
toute de mouvement. Ses artères battent
violemment sous le flux des foules exu-
bérantes.

Mais il n'y a pourtant pas excès. Dans
ces périodes joyeuses où l'on se presse sur
les trottoirs et les chaussées débordés, il
est fréquent que disputes ou risques se
produisent — même en France où notre
sang court moins bouillant. Pour certains,
la journée de fête s'achève souvent à
l'ombre. Ici, rien de pareil.. Tout ce
monde évolue à l'aise, naturellement,
comme si chez lui c'était noce perpétuelle.

Sorti de la *Plaza*, le Valencien est, au
reste, l'homme le plus doux qu'il soit.
Très poli pour les étrangers, complaisant
même, il se met en quatre pour com-
prendre leur langage. Il a l'hospitalité
franche, accueillante. Entre eux, ces
gens sont pleins de cordialité. Les classes sont nettement tranchées. Il est encore des nobles ; il est des bourgeois
cossus, des ouvriers, même des paysans.
Chacun reste à sa place et porte son costume. Le riche est élégant, fashionable.
Tailleurs et couturières l'habillent suivant
la plus récente formule. Le pauvre a conservé la blouse bleue, le pantalon un peu
court, voire l'entier vêtement des campa-
gnes. Il ne ressemble pas au nôtre dont la
laïque obligatoire a émancipé la tenue.
Ce qui n'empêche que tous les rangs se
mêlent sans distinction, au café comme
dans les promenades.

Il en est des maisons comme des gens.
Toutes ont conservé leur cachet, mais
elles s'élèvent côte à côte, qu'elles soient
à lambris ou à mansardes. L'habitation
populaire est coquette. Les façades sont
lavées de teintes délayées où la tourbillon-
nante poussière a posé ses grains jaunes.
Les fenêtres sont hautes et à petits balcons

fragiles sur lesquels pendent des stores
rayés. Les escaliers sont durs et tournent
à angle droit comme chez les Mauresques.
Les demeures riches sont superbes. Ce
sont en général d'orgueilleux hôtels dont
les pierres suent la fortune — tel le palais
de marbre du marquis de Los Aguas. Les
uns, anciens et recueillis, avec leur cour
d'honneur pavée, rappellent les seigneu-
riales retraites qui se rencontrent encore
dans nos villes aristocratiques, à Aix en
Provence, par exemple. Les autres, moder-
nes et gais, font songer aux capitales.

Car il serait faux de croire que, pour
avoir conservé sa physionomie de jadis,
Valence ne se soit point pliée aux exigences
du progrès actuel. Ceinturant la ville, de
formidables percées ont été ouvertes, où des
habitations rien moins qu'espagnoles
s'ouvrent sur des boulevards aérés et om-
bragés. La cité est, d'ailleurs, vaste et indis-
pensables sont les moyens de locomotion
rapide. Aussi, de toutes parts, circulent
omnibus, tramways, — à vapeur ou atte-
lés – chemins de fer modèle Decauville.
Tout ce matériel est de fabrication anglaise
ou américaine. C'est dire qu'il est pratique. Mais, détail particulier, les rues an-
ciennes, les plus nombreuses, sont trop

exiguës pour que deux véhicules y passent de front. Si bien qu'il est, pour les cochers, des itinéraires différents d'aller et de retour, dont des plaques indicatrices font mention à chaque tournant.

Il y a aussi pas mal d'équipages — victorias, landaus, coupés, charrettes anglaises. Le plus répandu parmi la haute classe est celui que les Valenciens ont baptisé *phaëton* — omnibus carré à quatre places, d'un noir sévère, capitonné de peluche à l'intérieur. Et il n'est pas de spectacle plus mondain que le retour des *corridas* ou la promenade de chaque soir 6 heures à l'*Alameda*. Les toilettes y sont superbes — quelques-unes nationales.

La rue est donc pleine d'intérêt. Je ne lui reproche que deux choses : son manque d'entretien et ses mendiants. Quand il y a des pavés, ils sont dans toutes les positions et semblent se battre entre eux ; quand il n'y en a pas, des fondrières se creusent par ci par là et des bouches d'égoûts montent des relents que j'imagine fortement « microbifères ». Quant aux pauvres, on dirait qu'ils surgissent du sol. Impossible de faire dix pas sans être harcelé par des hommes, femmes, enfants, veillards, infirmes ou de florissante santé qui vous pleurnichent un éternel : *Caritad* ! Il parait que la mendicité n'est pas interdite durant les douze jours que durent les fêtes. Pour la réputation espagnole, je veux bien croire que toutes les cours des miracles de la Péninsule profitent de l'aubaine.

Voilà les impressions — peut-être fausses, en tout cas sincères — que je remporte de ma promenade *intra muros*. Ce n'est pas tout. Dans un carrefour s'élève un monument à dehors banals où j'ai lu *Teatro Real*. On m'a laissé pénétrer. C'est la première scène de céans. On y joue l'opéra. La salle est vaste et sur le modèle italien, ne comportant qu'un parterre garni de fauteuils, quatre étages de loges superposées et une seule galerie de paradis. Les loges ne sont cependant point fermées comme dans le pays d'*Humberto primo*. A l'instar d'Alger, elles ne sont séparées que par une moitié de cloison. La décoration mièvre et passée, le petit foyer bas et étriqué servent d'extrait de naissance à ce théâtre. Plusieurs générations ont dû s'y distraire. La scène est profonde et suffisamment machinée. Dans le bureau de location, quelques tableaux de troupes sont placardés. Parmi les pièces de leurs répertoires, je remarque que plusieurs sont traduites de nos dramaturges français : la *Dame aux Camélias*, *Frou-frou*, *Durand et Durand*, les *Surprises du Divorce*. J'en conclus que leur thêàtre doit être pauvre de comédie... Et aussi de musique... Car tous les opéras sont de l'école italienne, allemande ou française. A peine deux ou trois ouvrages du crû. Les partitions étrangères se chantent, du reste, presque toutes en italien, même *Lohengrin*...

... Dans l'après-midi, je retourne à la campagne, mais plus dans la direction d'hier. Je vais à Burjasot. La route suit d'abord la Turia, puis, tournant à droite s'enfonce dans une étendue verte et plane toujours pareille. L'œil ne la peut saisir que par intervalles, par les trouées s'ouvrant dans les maisons poussiéreuses qui ourlent le chemin. Les habitations en sont closes, comme inhabitées, sans la gaieté des boutiques ouvertes où des commères pérorent sur les portes. Le moindre coin d'Algérie a plus de vie. Ce qu'il y a de spécial dans ces agglomérations, c'est la présence d'églises à coupoles et de châteaux, se mêlant aux maisonnettes chétives. La chaussée est, en outre, sommairement nivelée. Des quartiers de roche en

émergent, dodus et polis par l'usure —
un peu comme sur notre esplanade Mar-
güeritte d'Alger. L'arrosage fait complète-
ment défaut. On dirait que les Valenciens
ont capté toutes leurs eaux pour désalté-
rer leurs champs assoiffés.

: Malgré tout, la promenade plait. L'as-
pect de ces verdures fraiches et lavées
reposent de la chaleur accablante qui s'ap-
pesantit sur la ville et c'est réconforté que
je cours, le soir, voir s'enflammer la
Traca.

Encore une distraction inédite... La
Traca est une pièce d'artifice de 1500
mètres de long — sorte de ruban de poudre se déroulant d'arbre en arbre et en-
serrant, tous les cinq centimètres, un pé-
tard ou une bombe. A minuit, grâce à
un fil de fulmi-coton, des flammes de
bengale de couleur uniforme illuminent
instantanément toute la longueur de l'*Alameda.* Au même moment, le feu est mis
à une extrémité de la *traca* qui s'allume
peu à peu, faisant éclater les engins toni-
truants qui s'y égrènent. Le coup d'œil
est féerique. Ces explosions lumineuses,
ce vacarme, l'odeur de la poudre, la fumée
enveloppante, tout cela donne l'illusion
de la tumultueuse canonnade. On m'affir-

me que les Espagnols affectionnent ce jeu qui est une réminiscence de la *fantasia* arabe. Pour ma part, j'en suis grisé. Ce brouhaha, ce crépitement, ces bravos de la foule m'enlèvent — et je songe à la sensation de fol enivrement de la charge culbutant, sabrant, tuant dans la sanglante apothéose du bronze crachant la mort.

LUS que quelques heures à passer ici. A la nuit, le rideau de la « grande bleue » masquera les attrayantes choses aperçues durant ce séjour trop bref. D'avoir trotté, à pied, en voiture et sur des rails, d'avoir escaladé les tours des monuments, longé leurs corridors, parcouru leurs salles ; d'avoir respiré des poussières brûlantes et entendu la houle grondeuse d'une rue en fête, ma tête éclate... La double sensation me tient du regret de partir et de la joie de rentrer, — ce qui, du reste, nous poigne à tous à chaque habitude rompue. Et, dans notre siècle tourmenté et surmené, en cinq journées bien remplies, n'a-t-on pas recommencé des habitudes nouvelles ?...

De cette vague tristesse qui étreint à la pensée du lendemain morne et du harnais de la vie monotone à reprendre, une indécision nous vient qui gâche ce dernier jour en allées et venues désœuvrées. Personne n'ose rien faire avec but. Il y a, d'ailleurs, les malles à boucler, les colis à ficeler, les cadeaux à acheter.

On bée devant les magasins pour en emporter quelques souvenirs. Mantilles de dentelle, châles et fichus de soie brodés à la main, castagnettes, tambours basques, guitares, mandolines sont surtout demandés. Et aussi les *abanicos* — éventails.

Pour cette dernière emplette, Sitgès nous mène à la fabrique. Le choix y est considérable : éventails de fine dentelle avec miniatures-aquarelles sur batiste ; de satin avec broderies ; de plumes violemment peinturlurées ; de papier avec *picadores*, *banderilleros*, *primas spadas* taureaux, manolas, donneurs de sérénades chromolithographiés. Ceux-ci, quoique meilleur marché, ont le plus de cachet.

Tandis que notre compagnie s'éternise dans le magasin de vente, je demande la permission de visiter les ateliers. Ils ne sont pas extraordinairement étendus. A peine une cinquantaine d'ouvriers — hommes, femmes et enfants. Un moteur active des courroies nombreuses qui font marcher scies, tours, limes et tous autres outils. Je m'amuse à voir la branche d'olivier ou de santal brute mordue par une roue circulaire qui, dans le sens de la longueur, la découpe en tranches minces. Celles-ci se divisent ensuite en lamelles étroites que des femmes lient par paquets et maintiennent à l'aide d'un clou. Un autre scieur les prend, qui leur donne grossièrement le contour désiré. Il les passe à un limeur ; puis un artiste les pose devant le burin. Il a sous les yeux un dessin modèle et en un instant il a sculpté dans ce bois plat de gracieuses fioritures. Ne reste alors que la besogne des femmes, qui colorent et vernissent. Les branches de l'éventail sont prêtes et d'autres femmes, travaillant à domicile, n'ont plus qu'à coller les papiers, dentelles ou étoffes qui doivent parachever l'œuvre... Et parmi tous ces travailleurs, les heureux touchent 4 *pesetas* par jour!...

Quand je rentre dans la boutique, notre bande passe à la caisse pour solder. Ce qui me permet de voir un éventail, étiqueté 250 francs, abaissé au chiffre de 150 !... Comme quoi, le prix fixe est aussi relatif en Espagne qu'ailleurs.

Après les *abanicos*, nous courons voir les céramiques — *la Ceramo*. C'est une fabrique assez considérable où se tournent les *mayolicas hispano-arabes con reflejos métalicos* , amphores obèses, à dessins orientaux, que des ouvriers moulent à la main, patiemment. On m'assure que le directeur s'enorgueillit fort de l'invention des reflets métalliques qui en sont la caractéristique. Ils ne sont, en effet, pas banals. Mais, il y a trois mois, je voyais à Nice des terres de Vallauris, avec japonneries dont les nuances donnaient la complète illusion du cuivre, de l'or, de l'argent... Rien de nouveau sous le soleil, concluerait Prud'homme...

Dans l'après-midi — la dernière — je tiens à terminer ma battue par une visite à la manufacture des tabacs. Elle occupe trois ou quatre mille ouvrières et semblable agglomération ne doit point manquer de piquant. Mais je compte sans les *corridas* qui ont lieu chaque jour depuis dimanche. Devant la passion tauromachique doit s'effacer celle du tabac. Dès trois heures, toute la nichée cigarière prend sa libre volée. Quand je passe le seuil, je croise cette bande joyeuse qui sort en caquetant comme des oiseaux babillards échappés de cage. Les portes des salles sont scellées de bandes portant l'heure de leur fermeture et des gardiens en déten-

dent l'entrée. Je prends ma revanche à regarder les ouvrières. Elles ont la physionomie sympathique — cheveux très noirs,
œil brillant, teint mat et hâlé, dents très
blanches. C'est le type général des Valen-
ciennes. Je n'aperçois cependant aucune
beauté transcendante. Et je songe à l'éter-
nelle menterie des poètes et des artistes,
en rapprochant ces brunettes à mains mal
soignées et robes défraîchies de la Carmen-
cita de Mérimée, dont Bizet composa les
amoureuses chansons, Galli-Marié et Mme
Calvé les provocantes attitudes...

Mais tandis que je baguenaude, le soleil s'est emmitouflé de gros nuages sales
et cotonneux qui se déploient sur tout
l'horizon. Un gros vent souffle par sacca-
des. L'orage est proche. Aussi l'heure
crépusculaire sonne-t-elle en avance. A 6
heures, il fait demi-nuit.

Il faut songer au départ.

Pour emporter une dernière impression
locale, je ne dîne point à la *fonda*. A l'a-
venture, je m'attable en une *posada*, gar-
gotte très quelconque, terne et écrasée, où
l'on me sert un beefsteak saignant sur
canapé de tomates en confiture ainsi
qu'une salade très panachée, — laitue, ra-
dis, olives, poivrons. C'est mangeable.

Une pêche jaune me lessive agréablement
le palais et l'addition se monte à vingt-
deux sous. Pays de cocagne !...

Je vais pourtant le quitter. C'est une
tartane qui me conduit à bord. Perpétuel
véhicule qui revient obsédant en ces
notes de voyage, — tel le *leit motiv* dans
un drame lyrique. Au moment où j'arrive
sur le *Sitgès-Hermanos*, la pluie commence. Sur la mer, de longs éclairs sa-
brent le ciel noir. On dirait qu'il s'associe
à nos regrets de départ. Il est sinistre et
une angoisse inexpliquée m'étrangle, devant l'inconnu de la traversée que je re-
doute mauvaise.

Faux pressentiments. A neuf heures, le
temps s'est rasséréné et quand notre navire échappe aux bras des jetées qui sem-
blaient vouloir l'enserrer, le flot est resté
bon enfant. On dirait d'une nappe à peine chiffonnée. Et là-bas, au fond, rape-
tissant à chaque trépidation d'hélice, Valence s'enfonce. Ses lumières s'anémient
et meurent. La côte s'estompe un instant
encore en grisaille, comme frottée de mi-
ne de plomb. Puis plus rien... Finie, la
terre. Jusqu'à demain — le revoir des mos-
quées blanches et des jaunes burnous...